JN412738

나는 내가 되어
영원히 빛나고

나는 내가 되어 영원히 빛나고

초판 1쇄 발행 2025년 11월 3일
지은이 이계영
펴낸이 이성우
펴낸곳 조아라
주소 서울시 강남구 테헤란로 82길 15 14층(대치동, 디아이타워)
도서문의 010-4736-6373
ISBN 979-11-994845-0-4

※ 이 책은 저작권법에 따라 보호받는 저작물이므로
   무단 전재와 무단 복제를 금합니다.
※ 잘못 만들어진 책은 구입하신 서점에서 바꾸어 드립니다.
※ 책값은 뒤표지에 있습니다.

나는 내가 되어
영원히 빛나고

명화로 보는 마음 챙김

이계영 지음

조아라

한여름 길을 걷다 보면
뜨겁게 달궈진 아스팔트 틈 사이로
조심스럽게 고개를 내민
작은 풀 한 포기가 눈에 들어온다.

아무도 바라봐 주지 않고,
물 한 방울조차 주어지지 않지만
그 풀은
묵묵히, 그러나 단단하게
자기 삶을 피워 올린다.

이계영 작가의 글을 읽다 보면
문득 그 작은 풀이 떠오른다.

처음엔
여리고 섬세한 감성,
소녀다운 감상처럼 느껴지지만
한 줄 한 줄 따라가다 보면
그 안에 숨겨진 강인한 생의 결이,
온몸으로 세상과 마주한
고요한 용기가 보인다.

삶의 바람에 흔들리고
세상의 무게에 자주 주저앉는 이들에게
이 책은 조용한 위로가 되고
다시 살아갈 수 있는 작은 힘이 되어 줄 것이다.

어쩌면 이 책 한 권이
누군가 마음속 아스팔트 틈에서
조용히 피어나는 희망의 잎이 될지도 모른다.

이계영 작가의 글은
소리 없이, 그러나 깊이
사람의 마음을 일으켜 세우는
따뜻하고 단단한 생명의 언어다.

홍성남 신부 (가톨릭 영성심리 상담소장)

빛이 머무는 감사의 순간을 살아가고 있는 저도
한때는 살아가는 것 자체가 너무도 힘겨웠습니다.

숨 쉬는 것조차 벅찼고, 하루하루를 그저 '견딘다'는 말로밖에 표현할 수 없
었지요.
가슴은 늘 답답했고, 눈을 감을 때면 '내일'이 오는 것이 두려운 날들로 이
어졌습니다.

그러던 어느 날, 극심한 통증 속에서
삶과 죽음의 경계에 서 있는 순간을 마주하게 되었습니다.
의식이 몸을 빠져나가는 듯한 느낌, 몸을 벗어나 천장 위로 떠오른 찰나,
아래에 누운 나를 바라보며 지나온 기억들이 파도처럼 밀려와 가슴을 미어
졌습니다.

남의 시선에 갇혀 살아온 나,
완벽하지 않으면 안 된다고 믿었던 나,
사랑하려 애썼지만 자꾸만 무너져내린 나.
그 순간 깨달았습니다.

이 삶을 어떻게 마무리할지는 오직 '내 선택'이라는 것을.

그때부터 조금씩, 나 자신을 사랑하는 법을 배우기 시작했습니다.
스스로를 다독이며, 작고 평범한 일상 속에서 감사의 마음을 되찾아갔습니다.

깊은 우울과 두려움의 시간을 지나며
나는 내 안의 '진짜 나'를 마주하기 시작했습니다.
그리고 마음 챙김(Mindfulness)이라는 지혜를 통해
생각을 다스리고, 감정을 바라보며
삶의 중심을 외부로부터 '나'에게로 되돌려 놓는 여정을 걸어왔습니다.

그 길 위에서 깨달았습니다.
고통은 결코 나만의 것이 아니었다는 것을.
누군가도 같은 상처로 울고 있었고,
누군가도 위로를 원했고,
누군가도 마음 둘 곳을 간절히 찾고 있었습니다.

그 후, 저는 글과 상담으로 많은 분들과 함께하며,
아름다운 명화를 통해 마음이 머물고 쉬어가는 기쁨을 나누고자
세 번째 책《나는 내가 되어 영원히 빛나고》를 집필하게 되었습니다.

이 책은 '명화로 보는 마음 챙김'이라는 새로운 시도를 통해,
그림 속에서 마음을 치유하고 회복하며
스스로의 빛을 다시 발견하는 여정을 담았습니다.

예술은 언제나 말없이 다가와
무너진 마음을 조용히 붙들어주고,
멈춰 있던 시간에 색을 입히며,

지친 영혼에 빛을 불어넣습니다.

그 빛은 결국 기쁨이 되어
내가 나로 인해 빛나게 될 것입니다.

그리고 이제 저도 꿈을 꿉니다.
빛이 머무는 자리, 기쁨이 피어나는 순간이 현실이 되는 곳,
복합문화공간 〈Joyce Art Lounge〉를 통해
예술이 회복과 치유로 이어지고,
그 따뜻한 빛을 더 많은 사람들과 함께 누릴 수 있기를 기대합니다.

또한 이 책이 당신에게 마음의 평온과 치유,
그리고 잊고 있던 '당신만의 빛'을 발견하는
아름다운 여정이 되기를 진심으로 바라며
이제 우리는 선택합니다.

나는 내가 되어, 영원히 빛나기를.

차례

1. 멈춤의 쉼

2. 느낌의 결

3. 연결의 실

4. 빛의 길

1

멈춤의 쉼

고요를 바라보는 눈

힘든 시간을 겪고 있을
과거의 나에게…

오랜 시간
인고의 시간을 보내고 나면
안다.

꼭 나에게만
주어졌어야 했던 시간과
그 세월을 이겨 낸
자신의 가치를.

화창한 날

Sunny Day

사람은 하루를 삽니다.

하루에 태어나고,
하루를 살고,
하루에 눈을 감습니다.

그 하루 안에
사랑도 있고,
기다림도 있고,
그리움도 있고,
작은 웃음 하나도 있습니다.

어제는 벌써 저만치 갔고,
내일은 아직 오지 않았으니
우리가 가진 건
지금 여기,
이 하루입니다.

오늘은 삶의 조각이 아닌,
삶 그 자체입니다.

이른 아침 따뜻한 밥 한 술에,
누군가의 안부가 담긴 말 한마디에
햇살이 스며들고,
작은 기쁨이 피어납니다.

그러니
내일을 기다리며
오늘을 놓치지 마세요.

'오늘을 잘 살았습니다.'라고
말할 수 있다면,
인생을 잘 산 것이겠지요.

에밀 클로스 Emile Claus
화창한 날 〈*Sunny Day*〉
1899년, Oil on canvas
92.7 × 73.5 *cm*
Museum of Fine Arts, Ghent, Belgium

2
꽃피는 계곡
Blooming Valley

빛과 그림자가 어우러져 춤추는
삶이라는 축제에
초대받은 그대,

당황하지 말고
그대 앞에 차려진
'지금'이라는 시간에 잠시 멈춰
숨결을 느껴보아요.

귀한 손님답게
한 입, 한 말, 한 걸음마다
우아하게 머무릅니다.

꽃은 피고,
바람이 부는 일은
그대를 환영하기 때문입니다.

삶은 기다려주지 않아요.
그러니
이 순간을 사랑하세요.

조반니 자코메티 Giovanni Giacometti
꽃피는 계곡 〈*Blooming Valley*〉
1912-24년, Oil on canvas
74 × 82 cm
Private collection.

아터제 호수

On lake Attersee

혼돈스러운 세상,
부서진 조각 속
소리 없는 두려움에
하루가 잠겨 있다.

오스트리아 알프스 근처,
맑고 고요한 아터제 호수.
몇 달 동안 여름휴가를 간
구스타프의 시간에 함께한다.

폭풍 속에서도
물은 흐르고,
깨어진 하늘조차
호수에 잠기면 고요하다.

숨을 고르고,
가까운 곳에서 평화를 찾으라.

아터제의 물결처럼
푸른 평화를 허락하자.
그리고 속삭이자.

3

폭풍 뒤의 호수처럼,
혼란은 지나가리라.
다시 평온을 되찾으리라.

구스타프 클림트 Gustav Klimt
아터제 호수 〈On lake Attersee〉
1900년, Oil on canvas
80.2 × 80.2 *cm*
Leopold Museum, Vienna, Austria

그림자

Shadows

투명한 햇살 아래
젖은 빨래를 들어
살랑이는 바람에 건네며
힘찬 숨을 내쉬어 본다.

옷감 사이로 스며드는 빛과 바람,
그 부드러운 결을 느끼고
포근한 볕이 쏟아져
마음에 있던 멍울이 천천히 풀어진다.

하얀 천을 탁탁 털어 널면서
햇볕이 주는 그림자를 바라보니,
빛이 있어 나타나는
또 하나의 아름다운 그림이다.

그림자는 어둠이 아닌,
빛이 머물렀다는 증거이고,
이 자리에 함께하고 있음을 보여 주는
조용한 동행자다.

젖은 천이 흔들릴 때마다

그림자도 함께 춤추며
나도 함께
살아 있음을 느낀다.

빛과 그림자가 만나는 경계에서
무엇도 밀어내지 않고
모든 것을 받아들이며
여기 있음에 감사하다.

빨래를 너는 평범한 순간 속에서,
반짝이는 부분도,
빛으로 인해 생긴 그림자도
모두 껴안아 누려 본다.

그림자는
나를 더 깊이 있게 하고,
소란한 세상 한편에서
평화를 누리게 하는구나.

지금 여기,
찬란한 햇살 아래,
그림자가 주는
멋진 그림을 선물 받는다.

찰스 코트니 쿠란 Charles Courtney Curran
그림자 ⟨*Shadows*⟩
1887년, Oil on canvas
The size is unknown.
Private collection.

5

북서쪽에서 바라본
하를렘의 전경

View of Haarlem from the Northwest

구름은 그저 머무를 뿐,
무언가를 말하려 하지 않아요.

모양은 있지만 단정 지을 수 없고,
흘러가면서도 어디로 가는지
걱정하지도 않지요.

우리네 인생에서
영원할 것만 같은 희로애락도
지나고 보면, 잠시 스쳐 가는 구름처럼
삶의 모양이 참 닮아있어요.

구름 속 하늘을 올려다봐요.
하늘은 그저 그 자리에 있어요.
그 안엔 아무런 문제가 없죠.

지금 내 마음의 하늘엔
어떤 구름이 머물고 있는지
물어봅니다.

그리고 나는,
구름이 거기 흐르고 있다는 사실을
허락해 줍니다.

야코프 판 라위스달 Jacob van Ruisdael
북서쪽에서 바라본 하를렘의 전경 〈*View of Haarlem from the Northwest*〉
1670년대, Oil on canvas
62.2 × 55.2 *cm*
Rijksmuseum, Amsterdam, Netherlands

6

종달새의 노래

The Song of the Lark

하루에도 수십 번,
무언가를 더 해야 한다는 마음에
숨이 막힐 듯 조급해집니다.

조금만 멈추면 뒤처질 것 같고,
멈추는 순간
나라는 존재가 사라질까
두렵습니다.

하늘 너머, 종달새 한 마리가
빛 속에서 노래하고
햇살은 들판을 금빛으로 감쌉니다.

새벽부터 열심히 일한 소녀는
종달새의 노래를 듣고,
햇살을 느끼고,
흙냄새를 들이마십니다.

그리고 그 모든 것이
하나의 기도처럼
마음속에 고요히 스며듭니다.

자연이 주는 선물 앞에
경쟁도, 비교도, 목표도
의미가 없습니다.

단지
이 아름다운 순간에 존재하여
받아들이고 누리는 것만으로
소녀의 마음속엔
커다란 풍요가 찾아옵니다.

우리가 지금 어떤 모습이든,
무엇을 이루지 못했다 한들
존재하고 있다는 것만으로
이미 충분한데 말입니다.

쥘 브르통 Jules Breton
종달새의 노래 〈*The Song of the Lark*〉
1884년, Oil on canvas
110.6 × 85.8 *cm*
Art Institute of Chicago, U.S

7

달빛

Moonlight

놀이공원 열차를 타고
세찬 바람 속
있는 속도를 내어 달린 후
내린 기분.

얼굴은 얼얼하고,
무언가 후루룩 지나갔고,
귀가 멍해지는 것처럼
한참 그런 느낌이었다.

그리 열심히 살았냐고 물으면
답을 못하겠으나,
예민한 내가
이 정도 살아와서 고맙다.

요즘,
화려하고 과한 것들은
무겁고 흥미롭지 않다.

나를 설레게 하고 감동을 주는 건
소소하고 맑은 것들이다.

알프레드 스티븐스 Alfred Stevens
달빛 〈*Moonlight*〉
1885년, Oil on panel
27.3 × 21.7 *cm*
Clark Art Institute, MA, U.S

델라웨어 계곡의 추수
Harvest Scene in the Delaware Valley

사계의 시간에
자연스레 익어 가도록
조급함을 풀어 봅니다.

속도가 더딜 땐
마디가 굵어지는 시간이니
느려진 보폭을 즐깁니다.

나만 세상이 멈춘 것 같아도
삶의 주어진 모든 시간 소중하니
불안한 마음 내려놓습니다.

결국
열매를 향한 믿음은
추수의 기쁨으로
조용한 감사를 올릴 겁니다.

조지 이네스 George Inness
델라웨어 계곡의 추수 〈Harvest Scene in the Delaware Valley〉
1867년, Oil on canvas
76 × 115 cm
National Gallery of Art Washington, U.S

9

베스트만란드주
엥겔스베리의 호수

Lake View at Engelsberg Västmanland

앞으로의 인생이
몇 장이나 더 남아 있는지 모릅니다.

다만,
비움과 채움,
깨달음과 실천이 있어야
다음 장으로 넘어갈 수 있음을
느끼고 있습니다.

장면 하나하나를
온전히 마무리할 때마다,
미로소 진정한 용서가 피어나고
회복의 빛이 저 너머에서 비추었습니다.

삶에는 '대충'이라는 여백이 없습니다.

흐름의 속도와 방향을 알아차리고,
에너지의 결을 섬세히 감지하는 일.

넘치지 않고, 부족하지도 않게
채우고 덜어내며,
사랑하고 사랑받고,
섬기고 쉬며,
위로하고 위로받는 것.

저 엥겔스베리의 호수에
채워지고 흘려보냄이 보이지 않듯이,
우리 또한 그렇게
잠잠하게 살아가는 것.

그것이 인생임을,
아직도 배워가는 중입니다.

올로프 아르보렐리우스 Olof Arborelius
베스트만란드주 엥겔스베리의 호수 ⟨Lake View at Engelsberg Västmanland⟩
1893년, Oil on canvas
81 × 120 *cm*
National Museum Stockholm, Sweden

10

양귀비 속 소녀

Girl In Poppy

걸음을 내디딜 때마다
의식의 빛을 그 위에 비춰봅니다.

지금 이 순간,
나의 발걸음은 바로 '여기'를 딛고 있어야 합니다.

새들의 노래를 귀 기울여 듣고,
신선한 공기의 결을 느껴봅니다.
숨이 차오르면,
그저 멈추어 편안해질 때까지 쉬어도 좋습니다.

과거에 자신을 가두지 마세요.
그곳에는 더 이상 내가 존재하지 않습니다.

미래에 나를 미리 놓아두지 마세요.
그곳 역시 아직은 비어 있습니다.

지금 이 순간의 나를 알아차리지 못한다면,
나는 세상 어디에도 존재하지 않는 사람입니다.

너무 늦기 전에

그 단순하지만 소중한 진실과
살아 있음을 깊이 느끼며,
그 감각 안에서 살아가야 합니다.

테오도르 폰 호르만 Theodor von Hörmann
양귀비 속 소녀 〈*Girl In Poppy*〉
1892년, Oil on pane
47 × 38.5 *cm*
Österreichische Galerie Belvedere, Vienna, Austria.

11

무지개

The Rainbow

가끔
우리는 모두, 서로에게
조금은 낯선 존재가 아닐까라는 생각이 들어요.

어쩌면,
서로 다른 결을 지닌 마음들이
지구라는 공간 속에 잠시 머물며
조심스럽게 마주 앉은 것인지도 모르죠.

같은 말을 해도
그 말의 온도는 각각이고,
같은 장면을 바라보아도
느껴지는 깊이는 서로 다르잖아요.

나조차도 내 마음을 다 알 수 없는데,
누군가를 완전히 이해한다는 건
애초에 불가능한 일인지도요.

그럼에도 불구하고 우리는
서로에게 기대고,
오해하고, 다투고,

그러다 문득 이해하고,
다시금 눈을 맞추며 하루를 살아가요.

완전히 알 수 없음을 받아들이는 일,
그 안에 숨어 있는 조용한 배려와 다정함.
그게, 사람과 사람 사이를 이어주는 마음이 아닐까요?

우리는 모두
조금씩 다른 빛깔을 지닌 채,
함께 이 세상을 살아가는
복잡하지만 아름답고 사랑스러운 존재들입니다.

발레리우스 드 사에델러 Valerius De Saedeleer
무지개 〈*The Rainbow*〉
1930년, Oil on canvas
95 × 86 *cm*
De Blieck, Jozef & Fernand

12

그녀의 여가 시간

Her Leisure Hour

기억을 품은 채
녹아내려 흐려진 시간.
마음에 눌려 시간은 내려앉았다.

닫힌 마음은
세상을 무채색으로 만들었고,
지루함 속 멈춤 감각은
내가 누구냐고 묻는다.

미끄러지는 시간 속에서도
내가 바라보는 곳이
나의 길임을 어렴풋이 알고 있다.

나는 지금 나의 삶을 살고 있는가.
비록 늘어진 그림자 속 나이지만,
어제보다 나은 오늘이 되고 싶었다.

늘어짐에서 깨어나고 싶어
살며시 손을 잡아 일으킨다.

변화는 먼 곳이 아닌

지금 이곳이다.
삶의 스위치를 켤 손은
오직 내 손에 있다.

이 순간이야말로
가장 깊은 사랑,
가장 고운 용기
나에게 주어야 한다.

어빙 램지 와일스 Irving Ramsay Wiles
그녀의 여가 시간 〈*Her Leisure Hour*〉
1925년, Oil on canvas
69.2 × 57.1 *cm*
Smithsonian American Art Museum, U.S

13

수호천사

The Guardian Angel

알 수 없는 무언가,
내 삶이 아닌 것 같았던 삶.
자발적인 외로움을 택했던 시간들.

희미한 별빛을 따라가지만
언제 아침이 올지 모를 일이었다.

삶이 다해 가는 시간,
어딘가에 있는 미래의 내가
과거의 나에게 전해 줄 말이 있다며
몇 년 전부터 가끔씩 찾아온다.

"너의 인생을 완성하기 위해
순간순간이 소중했고,
버릴 게 없었다"고 했다.

"어렵고 외로운 시간을 지나왔어도
꺾이지 않고 성장했기에,
너는 앞으로 더 많은 일들을
이루어 갈 수 있을 거야"라고 말해주었다.

"조급해할 필요가 없어.
어차피 겪을 일은 겪게 되어 있고,
가질 것은 가지게 되어 있단다.
인생은 네가 성장하고 확장되는 시간이니
흐름을 느끼고, 즐겨.
네가 네 인생의 증거야."

멍하니 앉아 있는 나에게
조용히 소곤거리고 갔다.

찰스 모린 Charles Maurin
수호천사 〈*The Guardian Angel*〉
1894년, Watercolour and Gouache
65 × 46.5 *cm*
Private collection.

14

햇빛 속의 나무

Tree in the sun

마음이 헛헛한 날,
말로 설명할 수 없는 불안함에
기댈 곳이 필요할 때
나는 나무를 바라본다.

누구를 찾으려 하지 않고,
땅에 단단히 뿌리를 내린 채
하늘을 향해 곧게 고개를 든 나무는
묵묵히 자기만의 시간을 살아간다.

수많은 계절을 지나며
그저 평온하기만 했을까.
새들이 찾아와 가지를 쪼아대고,
거센 바람과 비에 휘청거리기도 했으며,
뜨거운 태양 아래 목마름을 견뎌야 했고,
차가운 겨울바람 속에서
자신의 생명을 지켜내느라 애썼겠지.

그 모든 시간을 묵묵히 견디며,
푸르고 단단한 그 모습으로
조용히 그늘을 내어주는 나무가

숭고하게 느껴진다.

힘든 날이 올 때,
두 발을 단단히 땅에 딛고
하늘을 향해 머리를 들자.

에밀 클로스 Emile Claus
햇빛 속의 나무 〈*Tree in the sun*〉
1900년, Oil on canvas
184.5 × 151.8 *cm*
Museum of Fine Arts, Ghent, Belgium

15

오차노미즈의 반딧불이

Fireflies at Ochanomizu

어둠이
고요히 내려앉은 숲
모든 것이 멈춘 듯
숨조차 아껴지는 시간

보잘것없는 나는
아주 작은 빛 하나 품고
살며시 윙윙거립니다.

바람이 지나가고
마음의 물결도 잔잔해지면
그제야 깨닫게 됩니다.

내 안에도
밤을 이기는
불빛이 있다는 걸

누군가의 눈에 띄지 않아도
내 안의 빛으로
나를 비춥니다.

깊게 숨을 들이쉬면
혼탁했던 하루가
투명하게 맑아집니다.

잠시 머무는 빛일지라도
지금 이 순간
나는
충분히 아름답습니다.

고바야시 기요치카 Kobayashi Kiyochika
오차노미즈의 반딧불이 〈*Fireflies at Ochanomizu*〉
1879년, Woodblock printing
25 × 36.8 *cm*
Los Angeles County Museum of Art, U.S

2

느낌의 결

마음속 파장을 읽는 법

이 땅이 하늘이라면
오고 가며
서로를 비춘 마음들은
아마도 별빛이었을 거예요.

이 작은 반짝임이
언젠가 큰 빛으로
더 멀리, 더 깊이 비추기를 바라며.

16

이른 아침

Early Morning

가슴이 벅찹니다.
당연하지 않은 이날의 이름을
'오늘'이라 부릅니다.

다시는 돌아오지 않을 시간,
산책길에 마주한
흙 한 줌이, 햇살 한 조각이
얼마나 아름다운지요.

생각해 보면,
고요한 무생물 속에
생명을 가지고 태어난 일은
눈물이 나는 은혜입니다.

무수한 우연 끝에 주어진
소중한 만남.
잠시라도 반짝이며 스친 우리들은
놀라운 인연일 겁니다.

심장이 뛰고, 살아 있다는 것.
기적 같은 증거로
다시 올 오늘을 고맙게 살겠습니다.

줄리안 온더동크 Julian Onderdonk
이른 아침 〈*Early Morning*〉
1904년, Oil on canvas
76.2 × 94 *cm*
Heritage Auctions, Dallas, 2 December
2023, lot 75052

산들바람 부는 날

The Breezy Day

화폭 속 바람이
너에게로 불어오고 있다.

바람을 온몸으로 느끼는 그녀처럼
무엇인가를 하려고 애쓰지 않고
흐름을 받아들인다.

느껴지지만 잡히지 않는 감정이
때로는 거세게, 때로는 부드럽게
머리칼을 스치고 마음을 흔들지만
나는 바람에 맞서기보다
그저 느끼고 흘려보낸다.

파란 하늘과 산들바람은
너로서 온전하고 자유롭다고 응원한다.

바람은
너의 살아있음을,
삶의 건재함을
알려주려 했나 보다.

찰스 커트니 커런 Charles Courtney Curran
산들바람 부는 날 〈*The Breezy Day*〉
1917년, Oil on canvas
101.6 × 76.2 *cm*
Private collection.

18

그랑드 자트 섬의 일요일 오후

Un dimanche aprèsmidi à lÎle de la Grande Jatte

심심풀이로 그었던 낙서, 의미 없던 선 하나,
그저 스처 간 순간들 속에서
조용히 피어났던 마음이 있었지요.

포기했던 소중한 것들과
혼란스러웠던 날들,
모든 것이 상처처럼 느껴졌기에
그땐 몰랐어요.

하지만 살아보니,
인생은 반듯한 선이 아니라
수없이 찍혀 가는
작은 점들의 모음이라는 것을 알았지요.

그 점들은
앞을 바라볼 땐 결코 연결되지 않아요.
오직 시간이 흘러
뒤돌아 보았을 때에야
하나의 그림이 되어 주지요.

그러니 오늘도

작은 점 하나를 믿음으로 찍어 보아요.
사랑으로, 희망으로 찍어 보아요.

언젠가 그 점들이
우리 인생 위에
별처럼 반짝이는
찬란한 명화가 되어 있을 테니까요.

조르주 쇠라 Georges Seurat
그랑드 자트 섬의 일요일 오후
⟨Un dimanche aprèsmidi à lÎle de la Grande Jatte⟩
1884년, Oil on canvas
207.6 × 308 cm
Art Institute of Chicago, U,S

19

공

The Ball

풍선을 따라
소녀가 달려갑니다.
무언가를 잃은 듯,
또 무언가를 찾기 위해서.

소녀의 시야 너머,
저 멀리, 더 높이,
먼 훗날의 나를 바라보며
지금의 불안한 나를 포용해봅니다.

걱정과 불안은
변화의 문턱에서 피어나는
잠시 머무는 감정입니다.

모든 시간은
영원함의 일부이기에
흔들리던 감정의 물결도
결국은 고요로 흘러갑니다.

단단히 묶였던 마음의 멍울도
조금씩 풀리고,

거칠던 조각도 맞춰지며,
날카롭던 선도 부드러워질 것입니다.

풍선처럼
가볍게, 멀리,
이 마음도
바람의 흐름 속에 놓아줍니다.

펠릭스 발로통 Félix Vallotton
공 〈The Ball〉
1899년, Oil and wood on board
48 × 61 cm
Musée d'Orsay, Paris, France

20

버블 보이

The Bubble Boy

어느 날
누군가 내 안부를 물었을 때
나는 말했어.
"그냥."
긴 말은 못 하겠더라.
마음이 무거워 소리도 작아졌어.

'그냥'이라는 말속에
친구는 조용히 말했지.
"우리 삶은 풍선 같아.
숨을 불어 넣을수록 점점 더 커지지만,
그 숨을 부는 입과 볼은
서서히 아파오지."

그 한마디에
나는 눈을 감았어.
아, 나의 아픔을 누군가는
알아봐 주는구나.

그날 이후
마음의 풍선을 불 때마다

잠시 숨을 멈추고
입술과 내 마음을 살며시 어루만져.

살아가는 일은
불어넣는 일만이 아니라
잠시 멈추어 안아주는 일이란 걸
이제는 조금 알 것 같아.

폴 필 Paul Peel
버블 보이 〈*The Bubble Boy*〉
1884년, Oil on canvas
43.2 × 35.9 *cm*
Art Gallery of Ontario AGO, Toronto,
Canada

21

꽃피는 아몬드 나무

Almond Blossoms

추운 겨울 고요히 보내고
눈부신 꽃을 피우는 너를 보며
흔들리는 생명 속에
깨어나는 나를 본다.

아몬드 가지마다
하늘을 향한 작은 손짓처럼
내 마음도 그와 같아,
빛을 찾아 생명을 흔든다.

피어날 것이다.
추위에 지지 않을 것이다.

찬란한 봄날,
나는 나의 꽃이 되어 빛나리라.

봄을 기다리며 피우는
자신을 돌보는 작은 희망.
꽃 피는 아몬드 나무처럼
건강과 평화가 만개하리.

빈센트 반 고흐 Vincent van Gogh
꽃피는 아몬드 나무 ⟨*Almond Blossoms*⟩
73.5 × 92 cm
1890년, Oil on canvas
Van Gogh Museum, Amsterdam,
Netherlands

창가에서

By the Window

지금 가는 이 길이
정말 내가 원하는 방향일까.

남들이 옳다고 말하는 선택,
흔들림 없이 보이지만
어쩐지 마음 한켠이 늘 조용히 흔들린다.

나도 한때는
이유 없이 설레는 것들을 좋아했지.
빛이 예쁘게 스며드는 창가에서
혼자만 아는 꿈을 품고,
이유 없이 웃기도 했던 날들.

살아간다는 건
조금씩 나를 미루는 일이구나,
생각하게 될 때가 있다.

그래도 나는 안다.
내 안 어딘가에는
아직 피어나지 못한 나의 봄이
고요히 숨 쉬고 있다는 걸.

언젠가, 모든 시간이 다 지나고
조용해진 어느 날에
무엇이 떠오를까.

먹지 못한 한 끼가 아니라
끝내 꺼내지 못한 마음,
외면한 나의 진심이 아닐까.

그래서 나는 오늘,
잠시 멈춰 나에게 묻는다.

나는 지금,
내가 사랑하는 삶을
살아가고 있는 걸까.

프리츠 폰 우데 Fritz von Uhde
창가에서 〈*By the Window*〉
1890–91년, Oil on canvas
80.5 × 65.5 *cm*
Städel Art Museum, Frankfurt, Germany

23

다음 날

Am Tag danach

무너진 건물 앞에
한 여인이 울고 있습니다.

어제의 충격은 여전히 선명하지만,
그녀는 그 자리를 떠나지 않습니다.

도망치지 않고,
애써 괜찮은 척도 하지 않습니다.

그저,
그 자리에 함께 머물 뿐입니다.

잔해를 바라보며
조용히 숨을 쉽니다.
하나의 숨,
지금 이 순간의 숨.

슬픔은 여전히 크고 무겁지만,
그녀는 그것을 지우려 하지 않습니다.

그저 있는 그대로

마음 한가운데에 놓아둡니다.

흘러나오는 눈물도,
멈추지 않는 생각도
잠시 머물다 가는 것임을
이제는 알고 있습니다.

어제는 지나갔고,
내일은 아직 멀었습니다.

그녀는 오늘을 살고 있습니다.

무너지지 않으려 애쓰기보다,
이미 무너진 마음에
가만히 손을 얹습니다.

그리고, 조용히 자신에게 말합니다.

"지금 충분히 아파해도 돼.
오늘도 나는 여기 있어."

에른스트 노박 Ernst Nowak
다음 날 〈*Am Tag danach*〉
1903년, Oil on canvas
63.5 × 50.5 *cm*
Private collection.

24

들판에서 돌아오는
안나 앵커

Anna Ancher returning from the field

오늘,
나는 한 줌의 노란 꽃을 꺾습니다.

햇살 가득한 들판을 지나
가만히 멈춰 서서
바람 따라 흔들리는 마음을
조심스레 내려놓습니다.

손에 쥔 꽃처럼
내 마음도 다정하게 들여다봅니다.

말 없이 피어난 작은 감정들이
고개를 들어 나를 바라봅니다.

누구에게 보이지 않아도,
그 감정들은 분명히 존재했고
조용히 빛나고 있었습니다.

슬픔은 저 멀리 피어 있는 푸른 들꽃,

기쁨은 손안에 모아진 노란 꽃잎,
불안은 바람결에 흩날리는 회색빛 구름처럼
내 안을 스쳐 지나갑니다.

나는 그저 걷습니다.
판단하지 않고,
꽃 한 송이 한 송이를 있는 그대로 받아들이며
그 향이 스며들도록 둡니다.

그리고 알게 됩니다.

내가 굳이 애쓰지 않아도,
내 안의 들판은
언제나 꽃으로 가득했다는 것을.

나는 이미,
충분히 괜찮은 존재였다는 것을.

마이클 피터 앵커 Michael Peter Ancher

들판에서 돌아오는 안나 앵커 ⟨Anna Ancher returning from the field⟩

1902년, Oil on canvas

98.3 × 187.1 cm

Skagens Museum, Denmark

25

도공

The potter

조용히 흙을 어루만지며
지나온 삶의 결을 되새깁니다.

어떤 날엔
흙처럼 마음이 가라앉고,
손끝마저 무겁게 느껴졌습니다.

또 어떤 날엔
가마 속 불처럼
모든 걸 태워버리고 싶던 날도 있었지요.

하지만
살다 보면,
흙도 물을 만나 빚어지고
불을 견디며 단단해지듯,

어디선가 조용히
다시 일어설 힘이
내 안에서 피어나기 시작했습니다.

금이 가고,

모양이 흐트러졌을 때마다
나는 더 단단해지는 법을 배웠고,

부족하다 여긴 그 틈에서
빛이 들어오는 길을 알게 되었습니다.

삶이란,
한 번에 완성되지 않는 그릇 같기에
실패도, 기다림도
그저 한 조각의 무늬로 새깁니다.

기쁨도, 슬픔도
지금의 나를 빚어낸 유약이 되어
고요한 온기로 남습니다.

오늘은
마음을 열고
있는 그대로의 나를 빚습니다.

작은 숨결 하나에도
감사의 물레를 돌리며,
지금 이 순간,
조용히 머뭅니다.

모티머 러딩턴 멘페스 Mortimer Luddington Menpes

도공 〈*The potter*〉

Not known, Oil on panel

10.2 × 7.8 *cm*

with Phillips & Harris, Church Street, Kensington, 1971,

where purchased for the present collection.

26

글쓰기
Writing

생각은 원래 무겁지 않아요.
바람처럼 와서 마음에 스며들죠.

의심하고, 묻고, 다시 바라보는 건
내 마음에 날개를 달아주는 일이에요.

세상은 말하죠.
"이렇게 살아야 해요."
관습이라는 이름으로 마음을 무겁게 해요.

하지만 나는 물어요.
왜 그래야 하나요? 정말 그런가요?

질문 하나가
삶을 당당하게 해줘요.

사람들 틈이 아니라
나답게 살려는 길에서
즐거운 외로움이 찾아옵니다.

고요한 혼자만의 시간,

그 안에서
나만의 시를 쓰고
삶의 의미를 찾아요.

흐름에 휩쓸리지 않고
자발적 고독을 택할 때
진짜 힘이 생기는 것 같아요.

그렇게, 조금씩
가벼워지는 법을 배워가요.

묻는 자만이
자기의 하늘을 여는 법이니까.

가리 멜처스 Gari Melchers
글쓰기 〈*Writing*〉
1905-1909년, Oil on canvas
82.71 × 80.49 *cm*
William Randolph Hearst Collection.

27

정원에서의 차

Tea in the garden

내가 해야 할 일은
타인의 기대가 아닌,
바로 이 자리,
이 마음에 닿아 있는
내 안의 진실과 마주하는 것이다.

세상은 말이 많고,
누군가는 나보다
내 삶을 더 잘 안다고 말하지만,
오직 내 숨결이
나의 길을 알려 준다는 것을 안다.

차 한 잔을 앞에 두고
생각의 숲을 거닐다 보면
무엇이 진실이고,
무엇이 나를 흐리게 하는지
조용히 묻게 된다.

소란한 세상 속에서
고요함을 잃지 않는 지혜로
마음의 땅에 발을 단단히 붙이고,

부드럽고 분명하게
나의 중심으로 돌아오자.

필립 럼프 Philipp Rumpf
정원에서의 차 ⟨*Tea in the garden*⟩
1871년, Oil on canvas
44 × 34 cm
Private collection.

바람 부는 날
A Windy Day

거친 바람이 몰아쳐도
그러려니 하며
가볍고 *꿋꿋하게* 걷는다.

바람에 휘날리는 머릿결과
휘청이는 옷자락이 번거롭더라도,
작은 걸음,
멈추고 싶지 않다.

세상은 요상스럽고
시간은 빠르게 지나가지만,
주어진 생명의 시간이 귀하기에
나만의 속도와 에너지로 움직인다.

바람 속이지만
흔들림 없는 품위로,
자연스럽지만 우아한 춤처럼
내 길을 감사한다.

사람들은 누구나
그 모든 순간 속에서

자신만의 빛을 발하고 있다.
당신처럼 반짝이며.

존 레버리 John Lavery
바람 부는 날 *⟨A Windy Day⟩*
1908년, Oil on canvas
76 × 63.5 *cm*
Sotheby's, London, 7 May 2008, lot 150.
with Richard Green, London, England

29

돛의 수선

Sewing the Sail

하늘이 누군가를 깊이 사랑할 때,
그의 돛을 찢는 바람을
강하게 불어 보냅니다.

평온하던 바다는 거칠게 일렁이고,
안전한 항구를 떠난 배는
험한 파도 위를 나아가야 하지요.

돛은 찢기고 줄이 끊기며,
방향을 잃은 듯 마음이 흔들립니다.

그러나 하늘은 그 배를 가만히 지켜봅니다.
왜냐하면
그 사람 안에 숨겨진 힘이
돛을 다시 꿰매며
깨어나길 바라기 때문입니다.

손끝으로 천을 이어 붙이며,
쓰러질 듯한 몸과 마음으로
다시 돛을 세우는 그 과정을 통해
사람은 더 강해지고 더 깊어지니까요.

그러니 세상이 등을 돌린 것처럼 느껴질 때,
하늘이 내게 돛을 고치게 하며
더 큰 바다를 준비시키고 있는 건 아닐까
자신에게 물어봅니다.

바람을 견디며
수선한 돛은
예전보다 더 단단하고
더 유연해집니다.

그렇게 사람은
넓은 바다를 품을 수 있는
아름다운 항해자가 되어 갑니다.

삶이라는 항해를 통해
우리가 하늘의 마음을 알기를
원하나 봅니다.

호아킨 소로야 Joaquín Sorolla
돛의 수선 〈*Sewing the Sail*〉
1896년, Oil on canvas
220 × 302 *cm*
Galleria internazionale d'arte moderna, Venice, Italy

아르장퇴유의 예술가의 집

The Artists House at Argenteuil

지나간 시간을 다시 산다면,
살아 있음을 느끼며 숨을 더 깊게 쉴 것이다.

어딘가를 향해 달리기보다
바람이 뺨을 스치는 결을 느끼리라.

완벽하지 않아도 괜찮다는 말,
그 말 한마디 품고
오늘의 실수를 따뜻하게 안으리라.

묶인 마음 풀고 앉아,
하늘 아래 살랑거리는 풀잎을 바라보리라.
그것 하나로도 충분히 아름다운 시간이니.

아무 의미 없어 보이는 웃음 속에서
삶의 진리를 보리라.
그 순간만이 진짜라는 것을, 이제는 알 것 같으니.

건강, 계획, 목표
그 너머에 있는 나를 알아차리리라.

지금 여기에 있는
이 숨, 이 빛, 이 고요.

봄의 흙길을 맨발로 걸으며,
가을 저녁노을에 고개를 들고,
아이들의 웃음소리에 발을 멈추리라.

지나간 시간은
다시 살아볼 수 없지만,

지금 이 순간만은
온전히, 벅차게 살기로 했다.

클로드 모네 Claude Monet
아르장퇴유의 예술가의 집 〈*The Artists House at Argenteuil*〉
1873년, Oil on canvas
60.2 × 73.3 *cm*
Art Institute of Chicago, U.S

3

연결의 실

나와 당신, 나와 세상의 연

마음을 끌어내어

다른 이에게 주는 것은
사랑이고

인생에게 내어 주는 것은
삶이다.

31

벚꽃

Cherry Blossom

벚꽃이 마음 가득 만개했다.

도도하고 차갑지만,
자기 확신이 가득했던 아이는
추운 겨울을 이겨 내고,
신비롭고 기품 있는 모습을 보여 주었다.

사연 있어 보이지만,
역경을 헤치고 만개한
현자의 빛.

너의 만개를
세상이 기다렸고,
모두가 기뻐했다.

헨리 로더릭 뉴먼 Henry Roderick Newman
벚꽃(교토) 〈Cherry Blossom(Kyoto)〉
1898년, Watercolor on paper
32.4 × 21 cm
Property from an Important East Coast Collection.

과수원의 봄

Springtime in the orchard

불안한 마음이 부유하듯
이곳저곳을 떠돌다,
그 무게로 바닥에 가볍게 떨어졌다.

고개를 들어 주변을 둘러보니,
땅속 깊이 뿌리를 내린 나무가
팝콘처럼 꽃봉오리를 터뜨리며
조용히 아름다움을 펼치고 있었다.

나무는 그 자리를 고수하며
모진 겨울을 견뎌내고,
화사한 봄을 맞이하고 있구나.

마음이 흔들릴 때면 나무를 떠올리자.
땅에 발을 단단히 디디고,
얼굴엔 따스한 햇살을 받으며
땅과 하늘 사이, 나만의 빛을 내어 가자.

지금 이 순간을 충실히 살아가는 나무가
얼마나 경이롭고 존경스러운지,
봄날의 소중함이 가슴 깊이 느껴진다.

헤럴드 하비 Harold Harvey
과수원의 봄 〈*Springtime in the orchard*〉
1941년, Oil on canvas
76.7 × 56.2 *cm*
Private collection.

33

와차우에서

Aus der Wachau

우리가 쓰고 말한
모든 파동은
공중에 남는다고 합니다.

공기와
사물과
상대의 마음에 닿아
사라지지 않습니다.

진심을 전한 말과 글들이
당신의 가슴에 남았을 것이고
그대의 눈빛이 나의 가슴에 남았습니다.

휴고 샤를르몽 Hugo Charlemont
와차우에서 〈*Aus der Wachau*〉
1939년, Oil on cardboard
43 × 27 *cm*
Private collection.

아침 안개

Morning Haze

살다 보면
사업이 뜻대로 되지 않거나,
소중한 관계가 멀어지거나,
몸과 마음의 건강이 흔들리는
아픈 시간들을 마주하게 됩니다.

하지만 이 고통의 이면을
조금 다른 시각으로 바라보면,
한때는 일이 잘 풀렸고,
깊은 사랑을 나누었으며,
건강하게 웃던 시절이
분명히 있었다는 뜻이기도 합니다.

우리 안에는
이미 충분히 빛나던 시간들이
보물처럼 숨어 있습니다.
다만, 알 수 없는 얇은 막이
그 보물들을 감추고 있을 뿐이죠.

그 막이 씌워진 채,
나는 내 안에 아무것도 없다고 느끼며

밖에서 무언가를 끊임없이 찾아
나에게 맞지 않는 퍼즐 조각들을
억지로 끼워 넣으려 합니다.
그러는 사이,
몸과 마음, 삶의 에너지가
조금씩 닳아가기도 하지요.

하지만 한 번이라도 빛났던 사람은,
그 빛을 다시 찾아낼 수 있습니다.
그 빛은, 밖이 아닌
내 안 깊숙한 곳에 여전히 살아 있으니까요.

그 막을 걷어내고,
감춰진 나의 보물을 만나기 위해서는
내면의 나를
진심으로 마주하는 용기가 필요합니다.

그 여정은
조급하지 않아도 괜찮습니다.
하루하루 나를 알아가며
천천히 다시 빛나면 됩니다.

클로드 모네 Claude Monet
아침 안개 ⟨*Morning Haze*⟩
1888년, Oil on canvas
74 × 92.5 *cm*
National Gallery of Art, Washington, U.S

35

점심 식사

The Luncheon

늘 먹던 점심이었다.

식사 후 흐트러진 식탁 위에
빛이 스며드니,
일상이고 당연했던 시간들은
세상에서 가장 큰 축복이었다.

빛이 비치는 순간,
마음속 어둠은 가시고
함께한 이와의 한 끼는
작은 잔치였구나.

나뭇잎 그림자가 식탁보에 흔들리면
소소한 기쁨의 종이 울리고,
마음 깊은 곳에서
조용히 행복이 울려 퍼진다.

모네가 담아낸 빛의 흔적처럼
순간을 기억하며,
오늘도 감사함으로
빛의 삶을 살아가자꾸나.

클로드 모네 Claude Monet
점심 식사 〈*The Luncheon*〉
1873년, Oil on canvas
160 × 201 *cm*
Musée d'Orsay, Paris, France

아이의 목욕

The Childs Bath

1980년 겨울
붉은 벽돌의 문화촌 목욕탕.

수증기 속,
뜨거운 물이 피부를 감싸면
세상의 소음은 아득해지고
몸은 따뜻함에 녹아내렸어요.

목욕할 때면
숨이 편안해지고,
엄마가 더 다정하게 느껴지고,
기분도 솜털 같아져요.

내 몸이 깨끗해지면
마음도 맑아져요.
몸이랑 마음은 연결돼 있나 봐요.
평화로운 마음이 가득해져요.

목욕은 나를 돌보는
맑은 시간이었어요.

엄마가 사 준 바나나우유를 마시고,
다시 옷으로 꽁꽁 싸매고 오는 동안,
젖은 머리는 꽁꽁 얼어버렸지요.

메리 카사트 Mary Cassatt
아이의 목욕 〈The Childs Bath〉
1893년, Oil on canvas
100.3 × 66.1 cm
Robert A Waller Fund.

37

감은 눈

Closed Eyes

감은 눈 안에서,
삶에 주어진 '그 무엇'을 바라봅니다.

어떤 이에겐 고난이고, 멍울이며
누군가에겐 십자가이고, 아픈 손가락입니다.

더 의미 있게,
정성스럽게 들여다보아야 합니다.
인내심을 가지고 말입니다.

마음을 내어주다 보면,
'그 무엇'의 의미를
마주하게 될 때가 옵니다.

감은 눈은
내 안을 향해
깊이 열린 시선입니다.

겸손하게 하고, 성장하게 하며
강해지게 만들기 위한 도구

'그 무엇'으로만
내가 변화할 수 있었기에,

주어진 사명들,
그 눈으로만
나는 변화할 수 있었습니다.

그리고 이제,
감사한 마음으로
'그 무엇'과 함께 살아갑니다.

오딜롱 르동 Odilon Redon
감은 눈 ⟨*Closed Eyes*⟩
1890년, Oil on canvas
44 × 36 *cm*
Musée d'Orsay, Paris, France

38

해변에서

On the Beach

남들은 다 잘 살아가고 있는데
나만 나락으로 떨어진 날

살아낸다고 살았는데
끝이 보이지 않는 날

그리 정성을 다했는데
진심이 통하지 않는 것 같은 날

예전 같으면
무너졌을까 싶지만
마음을 다시 잡아 봅니다.

할 수 있을 만큼 해 왔으니
그 누가 뭐라고 나에게 할 수 없습니다.
자신만이 아는 각자의 삶이 있는 거지요.

내가 무너지지 않으면 삶은 굴러가고
내가 서면 내 삶도 섭니다.

누구도 내 삶을 대신할 수 없으니
나, 정말 잘 살고 있습니다.

피에트로 프라지아코모 Pietro Fragiacomo
해변에서 〈*On the Beach*〉
1922년, Oil on panel
39.5 × 58 *cm*
Private collection.

여인이 있는 실내

A Woman in an Interior

어두운 방 안,
옅은 빛이 들어오는 창가에 섰다.

후루루룩, 휘리릭, 휘리릭
숱한 바람이 지나간 시간이 멈추고,
진공관 속 멍한 느낌.
가만히 내 얼굴을 더듬는다.

내가 누구인지 잊은 채
바쁘게 살았던 시간들은 어디로 가고,
"너는 누구냐"고 마음이 자꾸 묻는다.

나, 대답을 해야 하는데
나, 대답하고 싶은데
나, 가슴 깊이 눈물만 내린다.

고요한 빈 둥지.
스스로 감싸줄 때가 온 거라는데,
허둥지둥
어디에 발을 딛어야 할지 모르겠다.

호흡을 깊게 하고,
삶의 여정이 공허하지 않게
나의 뒷모습 같은
덴마크 여인의 뒤를
살포시 안아주고 싶었다.

빌헬름 하메르쇼이 Vilhelm Hammershoi
여인이 있는 실내 〈*A Woman in an Interior*〉
1897년, Oil on canvas
36.8 × 27.9 *cm*
Private collection.

40

그 다음날

The Day After

지구라는 같은 세상에 살아가고 있지만,
그에겐 그의 세상이 있고
나에겐 나의 세상이 있습니다.

그의 세상을 조정할 순 없지만,
나의 세상은
늘리기도 하고, 줄이기도 하며
채색도 가능합니다.

우리의 세상도 중요하지만,
'나의 세상'이 온전해야
'우리의 세상'도 온전할 수 있겠지요.

그의 세상에 내가 없다는 것보다,
나의 세상에 내가 없다는 것을 깨닫는 것
그것이 더 중요합니다.

나의 자리를 찾는 연습을
날마다 해야 합니다.

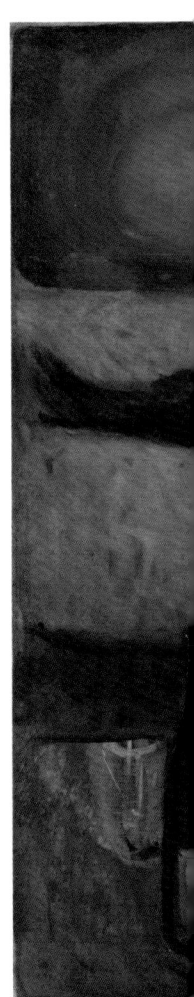

에드바르트 뭉크 Edvard Munch
그 다음날 〈*The Day After*〉
1894년, Oil on canvas
115 × 152 *cm*
National Museum Norway, Oslo, Norway

41

회고

Retrospection

그때의 그 시점에서
우리가 행했던 모든 일들은,
그도,
나도,
그 결정이 최선이라 생각했기에
행한 것입니다.

그때 그 시간,
우리가 더 나은 방법을 알았더라면
그렇게 했을 것이며,
그와 나는
같은 시점이었지만
다른 시선이었기에
방법이 달랐을 뿐입니다.

모두 최선을 다해
노력한 건
고마워해야 할 일이겠지요.

그러니,
서러운 마음 거두길 바랍니다.

토마스 에이킨스 Thomas Eakins
회고 〈*Retrospection*〉
1880년, Oil on panel
36.9 × 25.7 *cm*
Yale University Art Gallery, Connecticut, U.S.

오르막길

Chemin montant

혼자 걷기 어려운
인생의 오르막길.

함께 가는 이들의 존재가
얼마나 소중한지요.

성실한 이,
먼저 손 내미는 이,
맑은 빛으로 이끌어 주는 이

배려가 몸에 밴 마음이
걸음에 힘을 더해 줍니다.

영성의 깊이, 존경의 향기,
겸손 속에 품어진 강한 의지.
그들과 함께라면,
힘든 시간도 가벼이 지나갑니다.

푸근한 인정 속, 눈빛의 신뢰,
넓은 인자함은 참된 의지가 되고
조금 더 성장하며 나아가지요.

자연스러운 대화에서
중심을 지키는 그 고요한 힘.
그들과 함께라면,
어떤 오르막길도 두렵지 않습니다.

곁을 내어주는 이로 인해,
길 위의 빛이 되어
우리는 함께
더 높은 곳을 향해 걸어갑니다.

구스타브 카유보트 Gustave Caillebotte
오르막길 〈*Chemin montant*〉
1881년, Oil on canvas
100 × 125 *cm*
Musée Barberini, Potsdam, Germany

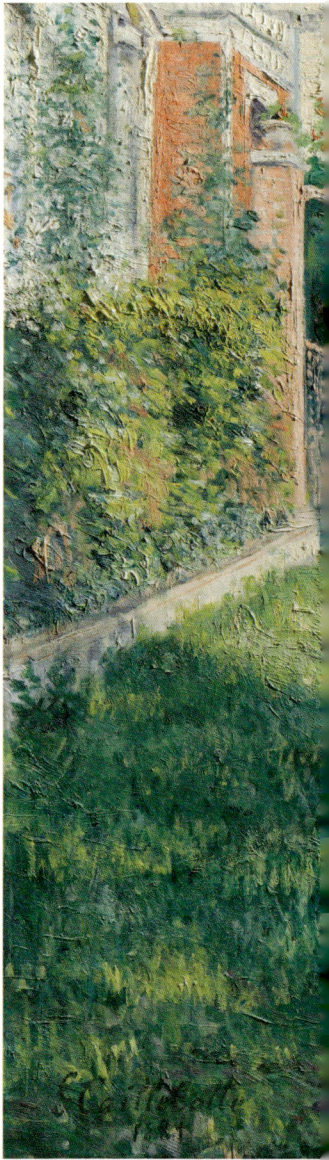

43

작은 배

Skiffs

물을 뒤로 내주어
배가 앞으로 감을 알기에,
묵묵히 노를 젓는다.

마음을 내주면,
알게 모르게
언젠가 나에게 돌아온다.

그게 무엇이 됐든,
뒤로 밀려가는 물결의 힘이
배를 앞으로 나르듯,
손해 본 듯한 시간도
결국 나를 풍요롭게 하는 순간이었다.

때로는, 그저 흐르는 물처럼
눈에 보이지 않지만,
어느샌가 그 모든 것이
내 마음을 채운다.

나를 떠난 것들이
결국 나를 향해 다시 돌아오니,

세상은 그렇게
조용히 돌고 돈다.

강에서 노를 저었던 그들처럼,
조금씩 내어주며
삶을 더 풍성하게 만들어 간다.

구스타브 카예보트 Gustavo Caillebotte
작은 배 〈*Skiffs*〉
1877년, Oil on canvas
88.9 × 116.2 *cm*
Collection of Mr and Mrs Paul Mellon.

44

화가의 어머니 초상화

Portrait Of The Artist's Mother

회색과 검은색,
말 없는 조율 속에
등받이에 몸을 기댄 여인이
차분히 앉아 있다.

러시아의 눈발,
파리의 바람,
가난한 어머니의 손에서 자란 아들은
떨리는 손으로 붓을 들었다.

모델이 오지 않은 어느 날,
아들을 위해
늙은 어머니는 자리에 앉았다.

"나를 그려보렴."
차가운 말속에
뜨거운 사랑이 숨어 있었다.

그는 말없이,
검정의 침묵과
회색의 사유로

어머니의 얼굴을 닮은 시간을 그렸다.

누군가는
그림 속 온기를 보고,
검은 선에 머문 눈물을 보며
자신의 어머니를 떠올렸다.

그림은 말보다 깊었기에,
회색과 검은색의 편곡은
세상에 단 하나뿐인 이름을 얻었다.

화가의 어머니.

제임스 에봇 맥닐 휘슬러
James Abbott McNeill Whistler
화가의 어머니 초상화
⟨*Portrait Of The Artist's Mother*⟩
1871년, Oil on canvas
144.3 × 162.4 cm
Musée dOrsay, Paris, France

호수 전망

Lake View

자아, 참나, 내면의 주인, 삶의 근원.

내 안에 숨 쉬는 수많은 이름들,
그 모두는 결국 '진짜 나'로 향하는 하나의 길입니다.

그 '아이'가 온전히 성장하려면,
흔히 '에고'라 부르는 나의 일면을
섬세히 돌볼 필요가 있습니다.

정말로 '가짜 나'가 존재할까요?
저는 에고가 결코 허상이라고 믿지 않습니다.
모든 존재는 연결되어 있고,
에고 또한 나의 한 조각이지요.

내 감정을 인식하고 다스릴 수 있을 때,
비로소 내면의 자아도 중심을 잡습니다.

감정을 지혜롭게 품고 흘려보내는 것
그것이 삶의 선순환을 여는 문입니다.

무언가에 붙잡히지 마세요.

묶이지 마세요.

감정을 흘려보낼 때,
마음은 다시 맑아집니다.

흘려보낼수록,
더 깊고 고운 것들이
나에게로 흘러들어옵니다.

악셀리 갈렌-칼렐라 Akseli Gallen-Kallela
호수 전망 〈*Lake View*〉
1901년, Oil on canvas
84 × 57 *cm*
Finnish National Gallery, Helsinki, Finland

4

빛의 길

다시 삶으로 나아가기

눈을 뜰 수 없이 지친 순간에도
빛은 스며들어.

그러니, 괜찮아.

계속 피어나고 있으니…

46

절망

Despair

인연이 다한 자리에는,
겉으로 보기엔 텅 빈 듯하지만
사실, 새로운 빛이 움트는 무대입니다.

그저 맡겨진 숙제를 끝내고,
각자의 자리로 조용히 돌아간 것일 뿐이니,
지나친 실망으로 마음을 무겁게 하지 마세요.

공허함은 결핍이 아닌 예고입니다.
당신이라는 그릇에 격에 맞는 인연들이
다가올 준비를 시작하는 순간이죠.

그러니, 마음을 평안히 하고
당신 앞에 열릴 새로운 조화와 인연을
기꺼이 기대해 보시길 바랍니다.

삶은 언제나,
당신의 내면과 조화를 이루는 세계를
정교하게 조율하고 있으니까요.

베르타 베그만 Bertha Wegmann
절망 ⟨*Despair*⟩
before 1926년, Oil on canvas
39 × 52 *cm*
Purchase through prior acquisition from Dr. and Mrs. Floyd W. McRae.

47

아침 태양

Morning Sun

오래되어 낡은 방 안,
투명한 햇살을 온전히 받으려
무릎을 세워 다리를 감싸고
창을 향해 앉았다.

빛이 몸을 비추니,
그림자가 깊은 고독으로 보인다.

그녀의 고독은
내버려진 외로움이 아닌,
나를 찾기 위한 선택적 외로움이었다.

어제의 무거움과
내일의 불안 없이,
오직 지금만이 존재한다.

바깥 세상과 나,
여백 속에 스며드는 고독,
그리고 깊은 평온.
균형은 그렇게 만들어진다.

아침의 태양 속,
모든 것이 충분하다.

이 순간,
고독의 가치가 빛을 발하고 있다.

에드워드 호퍼 Edward Hopper

아침 태양 〈*Morning Sun*〉

1952년, Oil on canvas

71.4 × 101.9 *cm*

Columbus Museum of Art, Ohio, U.S

48

헤르슈트라세에서

An der Heerstraße

바쁜 아침 시간을 보내고,
피곤한 생각에 잠시 소파 위에 몸을 포개었다.

내 안에서 갑자기 "몇 살이냐?"라고 물어왔다.
나이를 생각했다.

머릿속 생각을 다 안다는 듯,
"지금 네 나이 말고, 너의 진짜 나이!"
진짜 나이가 무엇을 의미하는지 궁금해졌다.

내면이 답답한지, 다시 말을 했다.
"영혼의 나이 말이야.
지금은 몸과 얼굴의 나이가 엄청 중요한 것 같지?
다른 사람들도 그렇게 보이지?
비밀인데, 저건 다 가짜란다.
정확하게 말하면, 지금 겉으로 보이는 모습들은
영혼을 담기 위해 잠시 사용한 도구일 뿐이야.

영혼의 나이는 한 살, 두 살 이렇게 먹는 게 아니야.
나이는 사람들이 정해 놓은 룰이란다.

빛을 발하는 크기에 따라 다르지.
나이란 개념보다 '빛'의 개념이 맞을 거야.
네가 어떤 마음으로 살아가느냐에 따라
영혼이 소멸하거나, 영원할 수 있는 이유지."

구스타프 분더발트 Gustav Wunderwald
헤르슈트라세에서 〈*An der Heerstraße*〉
1918년, Oil on canvas
76 × 90 *cm*
Sindelfingen's private collection.

49

십자가 아래의 막달레나

Magdalena Beneath the Cross

마음이 찢어졌다고 하고,
삶이 깨졌다고도 합니다.

어쩌면 그 일은
찢어진 것도, 깨진 것도 아닌
삶이 열리는 중일지도 모릅니다.

태어나기 위해
알을 깨고 나올 때,
어미 닭이 쪼아 열어 주지 않습니다.

그 정도의 강함이 있어야
건강하게 살아갈 수 있기 때문이지요.

고통의 시간은
삶을 망치기 위해 오는 아픔이 아닌,
삶에 빛을 넣어주기 위해 열리는
꼭 필요한 시간일 것입니다.

빌헬름 하세만 Wilhelm Hasemann
심자가 아래의 막달레나 ⟨*Magdalena Beneath the Cross*⟩
1905년, Oil on canvas
50.5 × 38 *cm*
Augustiner Museum, Freiburg im Breisgau, Germany

뒷마당

The Back Garden

한때 어둠 속을 걷고 있었어요.

어디로 가야 할지 모른 채
세상의 소리에 휘둘리며
내 안에 무엇이 살아 있는지
잊고 있었지요.

하지만
조용한 어느 날
그 목소리가 들려왔어요.

바람 같고, 숨결 같은 속삭임으로
말은 없지만
분명한 울림이었어요.

내 안에 있는지 몰랐던 빛이
고요하고 천천히
느껴지기 시작했어요.

그 순간부터
나는 더 이상

세상의 소리가
중요하지 않았어요.

나를 이끄는 빛은
멀리 있지 않았고
항상, 여기에 있으니 말이에요.

다가오는 모든 일은
좋고 나쁜 일이 아닌
모두 나의 나 됨을 위해
펼쳐진 무대라는 것을 알았어요.

깨어난 내면이
지금 여기, 이 숨결 속에
너는 충분하다고
그대로 괜찮다고 말해주네요.
너는 이미
빛이라고.

윈포드 듀허스트 Wynford Dewhurst
뒷마당 〈*The Back Garden*〉
1872년, Oil on canvas
65 × 81 *cm*
Private collection.

51

강가의 숲길
Wooded path by a river

이해할 수 없는
고난의 시간일지라도,
이 모든 일은
나를 더 좋은 곳으로 나아가게 하려는 과정입니다.

누군가는 누리고 있고,
누군가는 겪어내고 있을
이 시간들이
'쓰고 달다'의 문제가 아닌,
어제보다 나은, 성숙한 나를 위한
최상의 시간임을 알고 있습니다.

즐거워해도 좋고,
아픈 만큼 아파해도 좋습니다.

그 모든 감정을 느끼며,
나는 더 좋은 길로 가고 있음을
기억해야 합니다.

페데르 뫼르크 묀스테드 Peder Mørk Mønsted
강가의 숲길 〈*Wooded path by a river*〉
1894년, Oil on canvas
114.8 × 82.1 *cm*
Unidentified location.

바람 앞에서 달리다
Running before the Wind

나를 뚫고 통과하여라.

바람도 일으키지 말고,
털끝 하나 다치게 하지 말고,
그냥 그대로 통과하여라.

잔상도 남기지 말고,
자국도 남기지 말아라.

나도 모르게, 그리하여라.

다녀간 지,
남겨진 지,
아무도 모르게, 그리하여라.

저마다의 삶은
노스탤지어.

자기 자리로
귀화하는 것.

프랑수아 루이 토마스 프란시아 François Louis Thomas Francia
바람 앞에서 달리다 〈Running before the Wind〉
1810년 이전, Watercolor painting
14.6 × 9.5 cm
Yale Center for British Art, Connecticut, U.S

53

일몰

Sunset

땅의 끝자락을 밟았을 때
지나온 굴곡의 시간은
하늘과 바다의 진공 속으로 빨려 들어가
녹아졌다.

하염없이 작은 나.
바위 위에 발을 디디고,
바람 속으로 손을 뻗는다.

아파볼 만큼 아팠던 내 영혼을
아비 같은 자연의 웅장함과,
어미 같은 부드러운 바람의 숨결로
감싸주었다.

용트림 같던 소음은 가라앉고,
무언지 모를 가슴속 뜨거움이 지나간 후
텅 빈 고요함.

오랜만에 느껴보는 평안함이었다.

작고 연약하지만,

이 광활함 속에서
잊히지 않고
나는 살고 있다.

존 프레드릭 켄셋 John Frederick Kensett
일몰 ⟨*Sunset*⟩
1872년, Oil on canvas
45.7 × 76.2 *cm*
Metropolitan Museum of Art, New York, U.S

54

명상

Meditation

호흡 속 피어난 의식의 빛이
어둠을 품고
내면을 밝힌다.

빛과 어둠이 하나 된 공간 속,
우주의 의무를 받은 이는
고요히 앉아,
순간을 영원처럼 누리고 있다.

판단하지 않고
그저 바라볼 때,
모든 것은 이미 충분하다며
마음에 빛이 부어진다.

명상하는 이여,
이 순간, 우린
하나의 온전한 우주다.

앙리 마르탱 Henri Martin
명상 ⟨*Meditation*⟩
1890년-1893년경, Oil on canvas
73 × 99 *cm*
Musée de Cahors Henri-Martin, Cahors, France

고디바 부인

Lady Godiva

간절함이
나를 움직였다.

그들의 고통이 내 안에 스며들고,
멈출 수 없는 마음이 나를 이끌어
그 아픔을 품는다.

조롱과 경멸의 소리가
나를 흔들거나 묶지 못한다.

부끄러움은 사라지고,
두려움도 더는 없다.

바람은 나를 감싸 안고,
머리칼로 위안을 얻는다.

문이 닫히고,
창이 가려진 시간.

고요한 뚜벅거림 속에서
그들의 마음을 느낀다.

서로를 생각하는 마음으로
우린 하나이다.

사랑이 앞으로 이끌고,
침묵으로 전심을 다하니,
얼어붙었던 대지는 녹아졌다.

작은 존재지만,
하나가 되니
세상을 바꿨다.

존 말러 콜리에 John Maler Collier
고디바 부인 〈Lady Godiva〉
1898년, Oil on canvas
142.2 × 183 cm
The Herbert Art Gallery & Museum Coventry, England

민중을 이끄는 자유의 여신

Liberty Leading the People

당신,
지금 어디에 서 있는가.

어둠과 마주할 용기가 있는가?
혼돈 속 빛나는 여인이 우리에게 묻는다.

깃발은 땅에 떨어질지라도
민중의 정신은 살아 있기에,
마음의 불씨들이 모여
흙먼지 속에서 하나로 엮인다.

어둠 속에서도
빛은 사라지지 않으니,
서로의 눈빛이 연결되어
결코 약하지 않을 것이다.

가슴속 묵직한 돌덩이를
조용히 내려놓아 보라.

어둠 속에서 새벽을 기다리며,
우리는 한 발 한 발 나아간다.

혼란 속에서 중심을 잡는 이는
소용돌이 안에서 길을 본다.

폭풍, 결국 지나갈 것이다.

외젠 들라크루아 Eugène Delacroix
민중을 이끄는 자유의 여신
⟨*Liberty Leading the People*⟩
1830년, Oil on canvas
260 × 325 *cm*
Musée du Louvre, Paris, France

57

별이 있는 풍경

Landscape with Stars

모든 생명은
조금 불편해도
그곳이 전부인 줄 알고
익숙한 자리에 머물려 합니다.

하지만
삶은 가끔
그 여물통을 엎을 때가 있습니다.

사랑이라 믿었던 것,
안전하다고 여겼던 것들이
무너지기도 하지요.

당황하고, 속이 텅 비는 것같이
이젠 어떻게 해야 할까.
지금 내가 살아 있는 걸까.
앞이 보이지 않습니다.

마음을 다잡고,
새가 하늘을 날아올라
땅을 내려다보듯

거시적인 관점으로 바라보며
다시 한번을 외쳐 봅니다.

엎어진 것은 끝이 아닌
더 넓은 삶으로,
더 깊은 나 자신에게로
걸어가라는 초대입니다.

오늘도 어딘가에서
한 생명이
살아 있는 쪽으로
조용히 걸어갑니다.

앙리 에드몽 크로스 Henri-Edmond Cross
별이 있는 풍경 〈*Landscape with Stars*〉
1905년, Watercolor on paper
24.4 × 32.1 *cm*
Metropolitan Museum of Art, New York, U.S

58

뉴저지 폼튼 평원

Pompton Plains, New Jersey

아마도
지나온 시간보다
앞으로 남은 시간이 더 적을 것입니다.

돌이켜보면
과거는 쏜살같이 흘러갔고,
앞으로의 시간도
그보다 더 빠르게 지나가
마지막 날에 닿겠지요.

인생은 찰나이며,
오직 마음의 방향만이
삶을 깊고 풍요롭게 만든다는 것을
죽음의 문턱에서 깨달았습니다.

눈을 뜨면 연극은 시작되고,
눈을 감으면 연극은 끝이 납니다.

남은 생의 시간 동안,
온전한 나로서
충만하게 살아가야겠습니다.

재스퍼 프랜시스 크롭시 Jasper Francis Cropsey
뉴저지 폼튼 평원 〈*Pompton Plains, New Jersey*〉
1867년, Oil on canvas
51.1 × 81.9 *cm*
Metropolitan Museum of Art, New York, U.S

59

카프리 해변에서
살타렐로를 추는 아이들

Children Dancing the Saltarello at the Beach in Capri

우리의 영혼은
이곳 아름다운 땅, 지구에서
육체적 경험을 하며
의식의 수준을 쌓고 있습니다.

육체에서 영혼이 나가는
알 수 없는 미래의 어느 날,
몸의 모든 시스템은 멈출 것입니다.

평생 살 것 같은
육체의 날들을 따라가기 위해
너무나 바쁜 시간을 보냅니다.

같은 세상을 사는 우리지만,
만나는 사람마다
의식의 차이와 기품은 천차만별입니다.

그것은 아마
영혼에 새겨져

사라지지 않을지도 모릅니다.

신체적으로, 감정적으로, 정신적으로
균형 상태에 있을 때
바른 의식을 쌓게 됩니다.

순수한 바탕에서
그것들은 더욱 빛이 납니다.

자유로운 그날에,
더욱 반짝반짝 빛나는 우리라면
참 좋겠습니다.

아우구스트 베케서 August Weckesser
카프리 해변에서 살타렐로를 추는 아이들
⟨*Children Dancing the Saltarello at the Beach in Capri*⟩
1873년, Oil on canvas
44 × 63 *cm*
Unidentified location.

60

크리스마스 트리 옆의 아이들

Children by the Christmas tree

추운 겨울, 따스한 불빛
웃음소리 가득 창을 넘는다.

성냥팔이 소녀가 부러워했을
크리스마스트리가 꽉 찬 아름다운 집.

아이들 눈 속엔 설렘이 가득하고,
손끝마다 전해지는 사랑,
얼굴엔 웃음꽃이 피고,
서로의 손을 잡고 기쁨을 나눈다.

한 해 동안 기대하던
크리스마스의 마법이 풀리는 오늘.

기쁨 속, 마음이 하나 되어
지금 이 소중한 순간을 온전히 즐기는 것.

아기 예수님의 탄생이
어둡고 아픈 곳에
희망이 되길 바라며

크리스마스이브,
사랑으로 채운
특별한 시간이 시작된다.

레오폴트 폰 칼크로이트 Leopold von Kalckreuth
크리스마스 트리 옆의 아이들 〈Children by the Christmas tree〉
first quarter of 20th century, Oil on canvas
41.5 × 49 *cm*
National Museum in Warsaw, Poland

에필로그

나는 내가 되어, 영원히 빛나고

명화는 단지 오래된 그림이 아니다.
그 속에는 시대를 초월한 인간의 감정, 고통과 희망, 외로움과 회복의 순간
이 깊이 스며 있다.
그림 앞에 잠시 멈춰 서는 그 찰나, 우리는 누군가의 삶을 마주하지만 결국
은 '나' 자신을 마주하게 된다.

삶이 버거울 때, 마음이 흐트러질 때,
그림은 아무 말 없이 말을 걸어온다.
"지금 괜찮니?"
"너답게 살고 있니?"
"무엇을 놓치고 있는 건 아니니?"

우리는 늘 바쁘다. 비교하고, 경쟁하고, 증명하려 애쓰지만
그 모든 바쁨은 결국 '존재하지 않는 무언가'를 향한 헛된 갈증일 때가 많다.
명화 속 인물들이 가만히 눈을 감고 세상을 바라보듯,
우리도 잠시 눈을 감고 스스로를 바라볼 수 있어야 한다.

그림을 본다는 건 결국,
나를 보는 일이다.

거짓 없이, 포장 없이, 지금 여기에 존재하는 '나'를 들여다보는 것.
그 순간, 우리 안의 지혜는 말없이 솟구치고
흐트러졌던 삶의 조각들이 조금씩 제자리를 찾아간다.

가끔은, 마음에도 청소가 필요하다.
너무 많은 생각들, 불필요한 감정들, 남의 시선을 닦아내고 나면
마침내, 있는 그대로의 나가 드러난다.
그 모습은 늘 우리가 찾아 헤맸던 '답'이었고,
그렇게 우리는 알게 된다.
더 이상 누가 되려고 애쓰지 않아도,
나는 내가 되기만 해도 충분히 빛나는 존재라는 것을.

모든 것이 연결되어 있다.
한 점의 그림이 한 사람의 마음을 치유하고,
그 치유는 또 다른 삶을 따뜻하게 비춘다.
이 책을 통해, 당신의 내면에도 조용한 빛 하나 켜졌기를 바란다.

그리고 그 빛이 꺼지지 않기를,
영원히, 당신의 방식으로 반짝이기를.